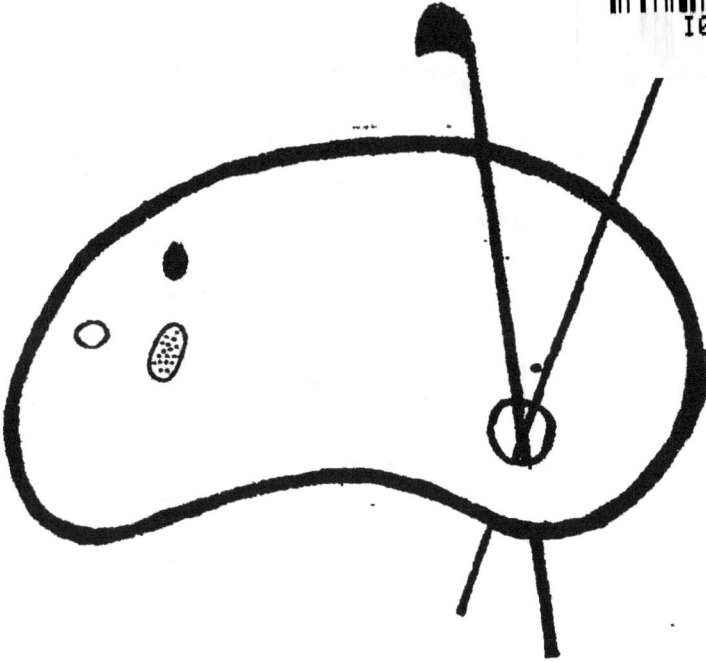

COUVERTURE SUPERIEURE ET INFERIEURE
EN COULEUR

RECTO ET VERSO

JULES PLANTÉ

LA FACTURE D'ORGUES

AU XVIe SIÈCLE

Moult oïssiez orgues sonner
Et clercs chanter et orguener.
Roman de Brut (XIIe siècle).

LAVAL

IMPRIMERIE DE L. MOREAU

2, rue du Lieutenant.

1889

LA FACTURE D'ORGUES

AU XVIᵉ SIÈCLE

TIRÉ A 70 EXEMPLAIRES.

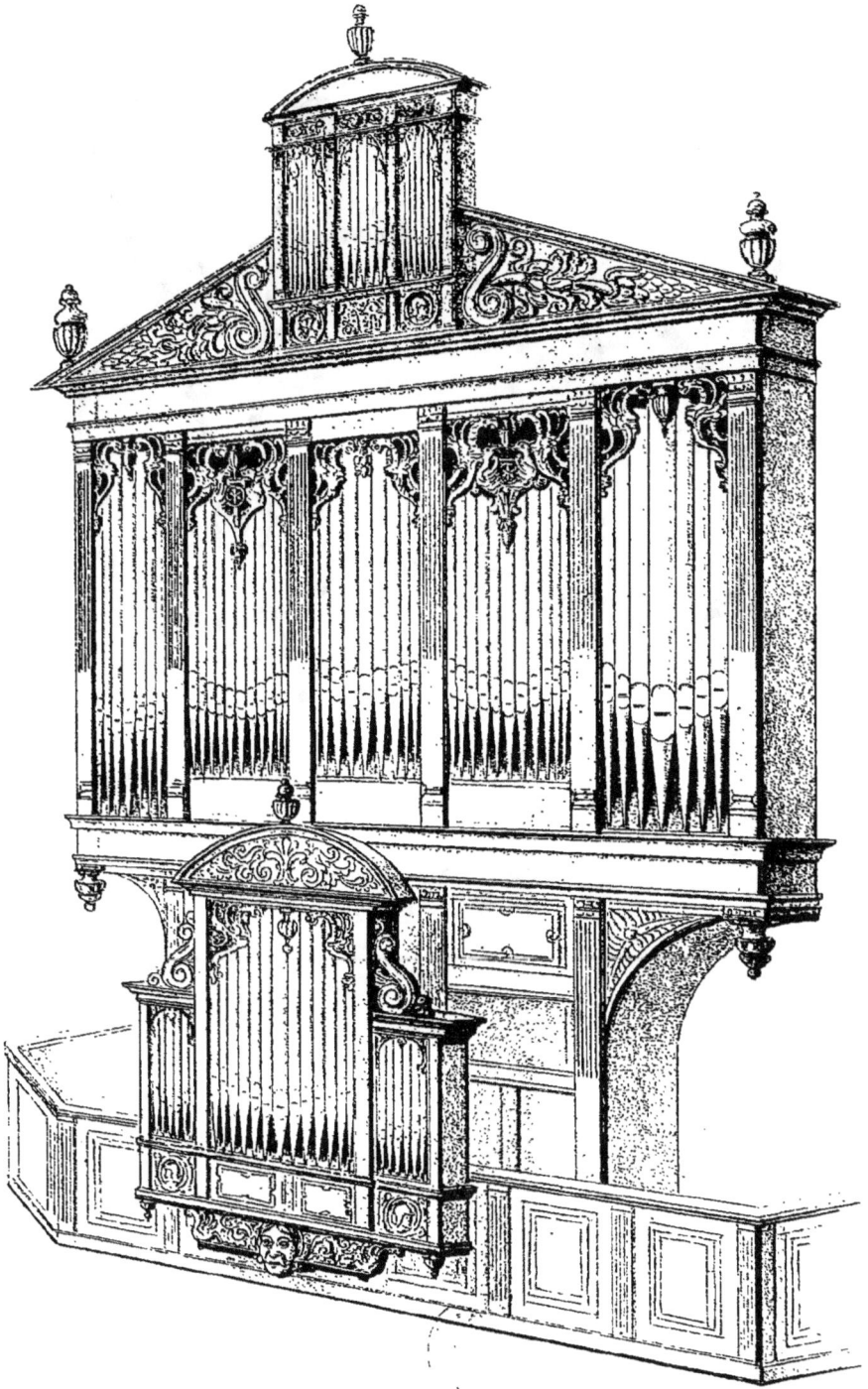

1590 — Buffet d'Orgues de N.D. d'Avesnières à Laval.

Imp. E. Bourcer-St Amy Paris

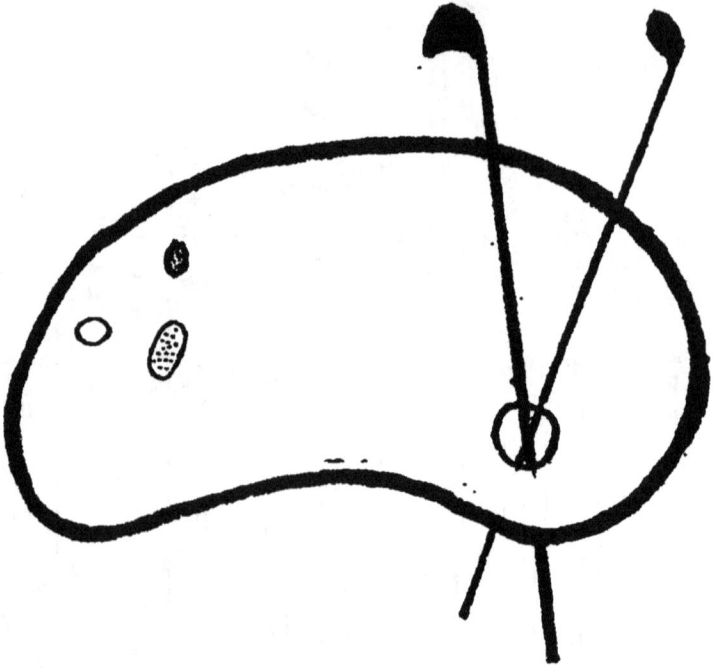

ORIGINAL EN COULEUR
NF Z 43-120-8

Jules PLANTÉ

—

LA FACTURE D'ORGUES

AU XVIe SIÈCLE

—

Moult oïssiez orgues sonner
Et clercs chanter et orguener.
Roman de Brut (XIIe siècle).

LAVAL

IMPRIMERIE DE L. MOREAU

2, rue du Lieutenant.

1889

LA FACTURE D'ORGUES

AU XVIe SIÈCLE

La facture d'orgues ne s'est pas seulement beaucoup développée en Europe depuis un demi-siècle, mais elle s'est perfectionnée à ce point dans ses trois parties distinctes et essentielles de la *soufflerie*, du *mécanisme*, et des *jeux*, que beaucoup d'amateurs sérieux estiment qu'il serait difficile d'aller plus loin dans la voie de ces améliorations sans arriver à modifier totalement la nature même de l'instrument.

Sans vouloir prendre ici parti, soit pour ceux qui croient sincèrement, — et ils sont nombreux, — que la profusion des jeux de détail, si parfaits qu'ils puissent être, altère le caractère grave, spécial et solennel de l'orgue, soit pour ceux qui, au nom du progrès, exigent des facteurs modernes de nouvelles combinaisons, de nouveaux jeux et de nouveaux effets d'expression plus ou moins sérieux, nous devons constater que l'orgue à tuyaux, malgré la concurrence que lui faisait naguère

1

encore l'insipide harmonium, tend à se vulgariser et à s'introduire de plus en plus, non-seulement dans nos églises, même de campagne, mais dans nos théâtres et dans nos salles de concert[1].

L'historique de l'orgue, depuis son origine assurément très ancienne, jusqu'à nos jours, est encore à faire. Intimement liée au développement et aux besoins sans cesse croissants de la musique, l'histoire de sa construction et de ses progrès dans l'antiquité et le moyen-âge a donné lieu à de nombreux travaux. Mais il faut bien le dire, ces études, si intéressantes à traiter, ne sont rien moins que complètes ; elles nécessiteraient, pour le devenir, de nouvelles recherches toujours longues, pénibles et souvent contradictoires. Les textes techniques, obscurs et difficiles à interpréter, ne nous renseignent pas mieux que les textes poétiques pleins d'hyperboles incompréhensibles. Les sculptures, dessins, miniatures et vitraux de l'antiquité et du moyen-âge nous donnent bien quelques lignes extérieures, mais si précieux qu'ils soient, ces monuments ne permettent d'affirmer aucun détail précis soit sur le mécanisme, soit sur la structure de l'instrument.

Nous nous proposons, dans cette courte notice, de dire quelques mots sur l'origine de l'orgue et les développements successifs de la facture jusqu'au XVIᵉ siècle, époque curieuse à laquelle nous emprunterons quelques documents contemporains.

---

1. Rappelons, à ce propos, que l'Association Artistique d'Angers, sous la direction intelligente et éclairée de MM. Bordier et de Romain, a dû cette année faire les frais de l'installation d'un grand orgue, devenu indispensable pour les auditions des chefs-d'œuvres symphoniques de nos grands maîtres anciens et modernes. MM. Guilmant, Franck, Widor et autres ont successivement fait entendre, avec le secours de l'instrument, de magistrales compositions, qui, pour le public angevin, ont été une heureuse révélation.

I

Les anciens appelaient *orgue,* en latin *organum,* en grec ὄργανον,· tout instrument, tout outil qui servait à exécuter et à faire quelque chose ; plus tard, les Juifs notamment appelaient *orgue (organum),* tout instrument à vent, comme ils appelaient *cithare (cithara),* tout instrument à cordes et *cymbale (cymbalum)* tout instrument à percussion.

L'expression latine *organum* se trouve souvent dans l'Ecriture-Sainte : Job et David en parlent à plusieurs reprises [1].

Cette traduction de quelques commentateurs des Écritures-Saintes se rapporte admirablement à la structure de notre orgue moderne, qui n'est en somme qu'une réunion de plusieurs instruments à vent. Le nom générique orgue, qui signifie *l'instrument des instruments,* lui est resté, attendu qu'il est bien en effet l'instrument par excellence, de même que la Bible, en grec βίϭλος, a gardé ce nom de *livre,* parce qu'elle est le livre par excellence.

A l'époque mythologique, on connut certainement un orgue rudimentaire qui se composait de plusieurs tuyaux de flûtes sonores assemblés avec ordre. Il est hors de doute, en effet, que la *syrinx* ou *flûte de Pan,* est la base de l'orgue à tuyaux. Du jour où l'on réunit plusieurs chalumeaux ensemble, dit M. Colomb [2], on eut la partie résonnante de l'instrument, l'orgue n'étant

---

1. Versa est in luctum cithara mea et organum in vocem flentium (*Job,* cap. XXX. v. 31). — Laudate Dominum.... in cordis et organo (*Psalm.* 150).
2 *Histoire des instruments de musique,* Magasin pittoresque, 1872, p. 275.

après tout qu'une gigantesque flûte de Pan à soufflerie
perfectionnée [1]. D'abord on en joua à l'aide de la bouche,
dont le souffle était en rapport avec la petite taille et le
petit nombre des tuyaux. Mais différentes circonstances
fortuites, faciles à imaginer, peuvent avoir donné l'occasion de remarquer que l'on pouvait ménager ses pro-
pres poumons et faire parler les tuyaux d'une autre
manière. Il est élémentaire, en effet, de concevoir qu'on
peut enfermer l'air dans un réservoir et ensuite, par
des ouvertures plus ou moins grandes, le faire sortir en
le conduisant à des endroits déterminés. Quoi de plus
naturel que d'admettre que pareille découverte a dû
être appliquée à la flûte à plusieurs tuyaux ? Seulement
une difficulté se présenta.. Une outre de peau ou de cuir
formait un réservoir commode et par sa capacité et par
sa compressibilité. Mais les tuyaux réunis étaient expo-
sés à parler tous ensemble, l'orifice du réservoir ne pou-
vant pas se promener au-dessus des trous des flûtes
avec la précision et l'à-propos de la bouche. On employa
alors un seul tuyau ; et comme l'on savait déjà qu'un
plus long tuyau a un son plus grave, et un plus court
un son plus aigu, on allongea et on raccourcit à volonté
l'unique tuyau par des trous que le tâtonnement, et par
suite l'expérience, parvinrent à disposer sur l'instrument et à boucher et déboucher avec les doigts d'une
façon convenable. Le tuyau unique, à trous, l'outre ajus-
tée au bec de tuyau et pressée avec le bras, formèrent ici
la *cornemuse* ou *musette*, là le *biniou* cher aux Bre-
tons, type d'instrument (d'où naquit l'orgue) qui fut et
est encore connu de tous les peuples [2].

---

1. Les Chinois, sous le nom de *sang*, ont encore une sorte
d'orgue portatif fait d'une série de tubes de roseaux (Bosc, *Dictionnaire de la curiosité, de l'art et du bibelot*, p. 587).
   2. Dans les miniatures des manuscrits on trouve (voir fig. 3)
un tuyau séparé du côté des dessus qui semble, comme dans
la vielle et la cornemuse, être une basse d'accompagnement

Le mécanisme de la distribution du vent aux diffé-
rents tuyaux à l'aide des *sommiers, gravures, soupapes et touches* ne tarda pas à être trouvé et fut perfec-
tionné avant
la soufflerie
elle - même.
En effet, les
plus anciens
monuments
de sculpture
où il soit pos-
sible de re-
connaître un
orgue pneu-
matique à tu-
yaux existent
au musée de
la ville d'Ar-
les. L'une de

Fig. 1.

ces sculptures, dont le dessin a été souvent reproduit[1],
nous montre, outre l'instrument et ses tuyaux, deux

continue. (Note de M. Hamel, *Facteur d'orgues*, Roret, Paris
1849. Not. historique, p. xxxii). — Cet ouvrage consciencieux
contient, avec les perfectionnements de l'époque, tout le travail
du savant bénédictin dom Bédos de Celles (1706-1779) et bien
qu'ancien déjà, il sera toujours consulté avec fruit par les amateurs et les facteurs d'orgues. M. Hamel, ancien juge d'instruc-
tion à Beauvais, était organiste et musicien apprécié. On lui
doit la restauration du grand orgue de la cathédrale de Beauvais
qui date du temps de François Ier.
Une autre miniature d'un ms du XIIIe siècle, reproduite par
Paul Lacroix, *Les Arts au moyen-âge*, Paris, Didot, p. 540, nous
montre un personnage touchant de l'orgue portatif. Mais ici cet
instrument présente cette particularité curieuse qu'au soufflet
se trouve joint un réservoir auquel est adapté un pavillon de
musette, destiné évidemment à faire une basse continue.
1. Fétis, *Histoire générale de la Musique*. — Magasin Pittoresque, année 1872. — Paul Lacroix, *Les Arts au moyen-âge*, Didot,
in-4°, p. 507. — Hamel, *Facteur d'orgues*. T. III, pl. 31. — Bibliothèque des Merveilles, *La Musique*, par Casimir Colomb,
Hachette, in-8°, p. 170.

souffleurs au repos, mais tenant en main les conduits de vent servant à alimenter le socle ou sommier de l'orgue (*fig. 1*[1]). Une simple inspection de cette sculpture permet d'affirmer que ces souffleries primitives se pratiquaient à l'aide de la bouche. Cependant tous les musicographes n'ont pas été d'accord jusqu'à présent pour donner l'explication de ce petit monument, probablement parce qu'elle est trop simple[2].

Fig. 2.

Il est facile de concevoir que l'augmentation des tuyaux dut nécessiter de bonne heure d'importantes modifications dans la soufflerie. A l'haleine des malheureux qui devaient de bonne heure être exténués, on dut substituer d'abord ce qu'il y avait de plus simple, c'est-à-dire de véritables soufflets de cuisine ; c'est ce qui eut lieu, comme on le voit par les miniatures du ms. du *Miroir Historial* de Vincent de Beauvais, conservé à la Bibliothèque Nationale (*fig. 2*[3]). Mais ceux-ci ne pouvaient fournir qu'un vent intermittent ; aussi, furent-ils bientôt remplacés par des engins doubles et à vent continu, rappelant les soufflets dont les forgerons se servent encore aujourd'hui en Afrique (*fig. 3*[4]).

---

1. Orgue antique, époque gallo-romaine (sculpture du musée d'Arles).

2. « Des figures représentant des orgues antiques, dit M. Hamel, sont sculptées sur un monument que l'on voit au musée « d'Arles. Il est impossible de deviner la manière dont on pou- « vait en faire usage. Les deux tubes recourbés que tiennent « dans leurs mains deux personnages sont-ils des conduits par « lesquels on introduisait le vent dans les tuyaux ?.... C'est « ce qu'on ne saurait décider. » *Facteur d'orgues*, Notice historique, p. xxxv.

3. Orgue portatif à double clavier, XIVe siècle, tiré du *Miroir Historial*, de Vincent de Beauvais, ms. de la Bibl. Nat.

4. Orgue à soufflerie double, tiré d'un *Psautier* latin du XIVe siècle.

Un monument très-curieux du IVe siècle donne une idée assez satisfaisante de la forme extérieure de l'orgue pneumatique à cette époque : c'est le bas-relief de l'obélisque de Théodose à Constantinople. Les soufflets sont d'une structure élémentaire, mais qui rappelle évidemment les soufflets cunéiformes en usage jusqu'au XVIIIe siècle ; ils paraissent foulés par deux hommes, ce qui ne s'explique guère qu'à condition de supposer que chaque souffleur appuie sur un engin d'un pied, pendant qu'il soulève, en déplaçant la position de son corps, la table du soufflet voisin au moyen de son autre pied *(fig. 4[1])*.

Fig. 3.

Fig. 4.

Un texte précis existe, qui permet de déterminer l'état de la facture à la même époque : c'est une pièce de

---

1. Orgue et soufflerie, IVe siècle, tiré des sculptures décoratives de l'obélisque de Théodose, à Constantinople.

l'*Anthologie grecque,* attribuée à l'empereur Julien :
« Je vois là une autre espèce de roseaux *(ce sont les*
« *tuyaux).* Certes, leurs tiges sauvages ont poussé
« dans une autre terre d'airain *(la matière des tuyaux*
« *est indiquée).* Ce n'est pas notre souffle qui les anime ;
« mais un vent qui s'élance d'une caverne [en peau] de
« taureau *(il s'agit d'outres),* pénètre en dessous par
« leurs racines ces roseaux habilement percés *(les pieds*
« *des tuyaux communiquant avec les trous des som*
« *miers).* Et un homme fier *(un artiste),* ayant les
« doigts agiles, manie savamment les règles *(les tou-*
« *ches)* qui sont en rapport avec les flûtes. Elles *(les*
« *touches)* s'agitent, et il s'en échappe un chant déli-
« cieux. »

La soufflerie et les touches du clavier sont manifestement désignées par ce texte.

Toutefois, il faut croire que les tâtonnements avaient été nombreux et les fabri-
cants de soufflets bien maladroits, puisqu'au X⁰ siècle il fallait soixante-dix hommes robustes pour faire mouvoir les vingt-
six soufflets de l'orgue légendaire de Win-
chester². Pourtant, cet instrument n'avait

Fig. 5 (1).

que quatre cents tuyaux et quarante touches ; il est
vrai que ces dernières mesuraient chacune cinq pieds
six pouces de long, sur six pouces de large. Les
malheureux organistes, attentifs devant leurs alpha-

1. Orgue en forme d'édicule. *Hist. du Saint Graal,* manuscrit de la Bibliothèque Nationale (fin du XIII⁰ siècle).
2. M. de Salies dit par erreur Westminster (*Lettre sur une
tête automatique,* tirage à part, p. 19). Voici les vers cités par
Siedel, auteur allemand, au sujet de cet orgue :
        Talia et auxistis hic organa qualia nusquam
        Cernuntur, gemino constabilita solo.
        Bisseni supra sociantur in ordine folles,
        Inferiusque jacent quatuor atque decem ;
        Flatibus alternis spiracula maxima reddunt
        Quos agtiant validi septuaginta viri,

bets [1], les mains protégées par des planchettes garnies de
plomb, étaient obligés de frapper les touches une à une
à coups de poing pour arriver à l'enfoncement complet [2].
On voit que les expressions anciennes allemandes *orgel-*

> Brachia versantes multo et sudore madentes ;
> Certatimque suos quique monent socios,
> Viribus ut totis impellant flamina sursum,
> Et rugiat pleno capsa referta sinu.
> Sola quadringentas quæ sustinet ordine musas
> Quas manus organici temperat ingenii :
> Has aperit clausas, iterumque claudit apertas,
> Exigit ut varii certa camæna soni.
> Considuntque duo concordi pectore fratres,
> Et regit alphabetum recto uterque suum,
> Suntque quaterdenis occulta foramina linguis.
>   (*Gloss. Ducange.* Verbo, *organum,*
>   d'après Wolstan. *Acta sanct. ordini S. Benedicti,* T. V.)

1. On appelait ainsi les claviers au moyen-âge.

2. On a dit, répété et imprimé des merveilles relativement
aux orgues anciennes ; la vérité c'est que les écrivains se sont
trompés fréquemment sur le sens du mot *organum* pris tantôt,
comme nous l'avons dit, pour l'ensemble de plusieurs instruments, et tantôt pour un concert de voix. Il faut rejeter au rang des
fables les récits du moine de Saint-Gall relatifs à l'orgue de
Charlemagne (Voir Hamel, *Not.,* p. xxxiv) et ceux de Walla-
frid-Strabon qui prétend qu'en entendant l'harmonie (?) ravis-
sante de l'orgue de Louis le Débonnaire d'Aix-la-Chapelle, une
femme aurait perdu la vie ! Nous pensons, quant à nous, que
pour peu que cette malheureuse ait été malade, ce qu'elle en-
tendait pouvait suffire pour l'achever. « Il est constant, dit
dom Bédos, que l'orgue, soit hydraulique, soit pneumatique,
était informe et fort grossier, *incapable de plaire* et de fixer l'at-
tention. » — Aussi fut-il quelque temps proscrit des églises.
Sous Louis XI (1461-1483) on comparait les sons de l'orgue aux
grognements des porcs, comme le prouve l'anecdote suivante
empruntée aux *Annales d'Aquitaine* de J. Bouchet, p. 77 :

Louis XI, importuné du grognement des cochons qu'il ren-
contra, dans une de ses promenades *Angevines,* dit, en plaisan-
tant à l'abbé Baigné, qui le suivait ordinairement : « Faites-
nous donc quelque belle harmonie avec le chant de ces oiseaux. » L'abbé n'y manqua pas et fit construire une vaste
machine imitant l'orgue, mais élevée sur une base divisée par
cases, dans lesquelles il logea des porcs depuis le cochon de
lait jusqu'au pourceau de trois cents. Des pointes de fer placées sur ces cases et mises en jeu par un clavier, piquant ces
animaux, leur arrachaient des cris qui ne ressemblaient *pas mal
aux sons de l'orgue de cette époque reculée.* Cette singulière invention amusa le roi et, par conséquent, ajoute le naïf chroni-
queur, la cour entière.

2

schlagen (battre l'orgue) et *clavierschlagen* (battre le clavier), n'avaient rien d'exagéré.

Si la soufflerie des anciennes orgues était défectueuse, on voit combien le mécanisme laissait à désirer ; c'est sans doute pour obvier à toutes ces difficultés que l'on imagina de vaincre les résistances de l'orgue *pneumatique* au moyen de l'eau. L'orgue *hydraulique*, dont on paraît s'être servi pendant plusieurs siècles, ne semble pas avoir été d'une commodité absolue. Il est peu de sujets dont on ait autant parlé, sur lesquels on ait autant de textes et dont il soit plus difficile de se faire une idée nette. Se servait-on de l'eau pour actionner le jeu des soufflets comme le pensent plusieurs auteurs [1] ? S'en servait-on pour diminuer la résistance des touches, des claviers [2] ou pour faire parler les tuyaux [3] ? C'est ce qui serait fort malaisé à établir. L'eau que l'on employait était-elle froide ou chaude ? Nouveau problème difficile à résoudre en présence de textes obscurs, diffus et contradictoires. Le célèbre architecte romain Vitruve [4] donne une description tellement incompréhensible de l'hydraule que le savant Père Kircher et l'architecte Perrault n'ont pu, malgré leurs efforts, se rendre compte de ces explications énigmatiques.

Pour nous, nous pensons avec Arago [5] que les tuyaux des orgues hydrauliques résonnaient par le moyen de la vapeur d'eau bouillante et nous ne voyons pas d'inconvénient à supposer que la soufflerie ait été actionnnée par ce nouveau moteur, dont le moine Gerbert [6] se ser-

---

1. Fétis, *Hist. gén. de la Musique*, Passim.
2. Claudien, IV⁰ siècle ap. J.-C.
3. Publilius Porphyrius Optatianus (IV⁰ siècle) connu par une pièce de vers affectant la forme de l'orgue.
4. *De architect.*, 10-XIII.
5. *Mémoires de l'Académie des Sciences*, T. XVII, p. 78.
6. Pape sous le nom de Sylvestre II, de 999 à 1003.

vait dès le X° siècle pour la construction de divers engins [1].

Qu'elles fussent *hydrauliques* ou *pneumatiques*, les
premières orgues, malgré leurs imperfections, étaient
suffisantes pour exécuter la musique des premiers siè-

[1]. Le premier usage intelligent, dit Ed. Fournier dans son
livre *Le vieux Neuf*, t. I, pp. 42 et 43, qu'on semble avoir fait
de la vapeur au moyen-âge est celui qu'en fit Gerbert, quand
il tira de cette force expansive une voix harmonieuse pour
l'orgue.
William de Malmesbury et Vincent de Beauvais, dans son
Speculum majus, ont parlé avec détail de ces orgues à vapeur.
Malmesbury avait vu celui qui se trouvait dans l'église de
Reims, et Vincent de Beauvais celui de l'abbaye de Saint-
Bertin-en-Artois. Leurs descriptions sont d'accord et quoi qu'en
ait dit M. Fétis qui allègue « qu'il est bien difficile de croire à
une telle découverte dans un temps si reculé, » il est impossible de ne pas céder à l'évidence qui résulte des deux passages :
« Gerbert, dit Vincent de Beauvais, construisit, d'après les
principes de la mécanique, une horloge et des orgues hydrauliques dans lesquels le souffle, s'introduisant d'une manière
surprenante par la force de l'eau chauffée, remplit les cavités
de l'instrument et, s'échappant par les tuyaux d'airain, fait rendre des sons modulés à leurs mille ouvertures. » La description est précise, *la clarté seule manque de détail* (?) Selon nous,
dit Fournier, c'est la vapeur qui, montant dans les tubes, y donnait le souffle même (*ventus*) dont parle Vincent de Beauvais.
C'est aussi l'avis d'Arago : « Dans l'instrument du futur pape,
dit-il, j'aperçois un courant de vapeur substitué au courant
d'air ordinaire : la production du phénomène musical des
tuyaux d'orgue. » — Fétis y voit un moteur à soufflerie. Elle
bruissait (la vapeur) dit Fournier, en passant par les tuyaux de
l'orgue de Gerbert, comme elle bruit sous le doigt du chauffeur
aux approches des embarcadères, avec une puissance de sons
que F. Sudre voulait régulariser pour sa téléphonie. — Archi-
mède, dit le même polygraphe, t. III, page 553 de son intéres-
sante compilation, connaissait la vapeur puisqu'il en avait fait
la voix de son orgue hydraulique. — Tertullien, *Traité de l'âme*
(*Œuvres*, 1634, in-fol. p. 315), lui attribue l'invention de l'orgue
hydraulique (d'un orgue dont l'eau fournit le souffle, « *spiritus
qui illic de tormento aquæ anhelat.* ») Ce passage s'explique rap-
proché de ce passage de l'*Onomasticon* de J. Pollux où il est
parlé d'une « flûte tyrrhénienne à tuyaux de fer » c'est-à-dire
d'un orgue dont le son plus fort est dû à la vapeur de l'eau
bouillante, « *propter aquam ebullientem major sono spiritus
aura emittitur.* » (*Ibid.* IV, cap. IX, §§ 67-70). Voilà l'orgue
hydraulique dont Néron s'amusait, suivant Suétone (*Nero*, cap.
XLI, XLIV, et LIV), que Ctésibius avait réinventé (Pline, liber VII,
cap. XXXVII, XXXVIII) et qui était une énigme pour nous.

cles de notre ère ; en effet, ce n'est qu'à la fin du IXe siècle qu'un moine de Saint-Amand, nommé Hucbald[1], parle pour la première fois de la musique à deux ou plusieurs parties qu'il appelle *diaphonia* ou *organum*. Ce fut d'abord à l'église, et par conséquent sur l'orgue, que la diaphonie fut employée ; on l'appliqua notamment au plain-chant grégorien, ce vestige de la musique grecque, réorganisée par l'illustre évêque de Milan Saint Ambroise (340-397), plain-chant qui, après douze siècles, et malgré bien des altérations, est encore la base de notre musique religieuse. Peu à peu, l'antiphonaire ambroisien et la diaphonie se transformèrent au contact de la musique profane pour faire place à un autre genre de musique appelé *déchant (discantus)*, aux règles précises et bizarres[2], qui diffère surtout de l'organum en ce qu'il est rythmé alors que ce dernier ne l'est pas.

L'invention des pédales, attribuée à un Allemand nommé Bernhard, vers la fin du XVe siècle, apporta de

1. Hucbald compléta ses études musicales à l'abbaye de Saint-Germain-d'Auxerre sous la direction de Heiric et se fixa à Saint-Amand (diocèse de Tournay) en 900. Ses ouvrages didactiques ont été publiés dans le *Recueil des écrivains ecclésiastiques* de Gerbert, abbé de Saint-Blaise. Hucbald est l'auteur d'une poésie bizarre, dédiée à Charles le Chauve, intitulée : *De laude Calvorum* ; cette facétie souvent rééditée (Bâle 1514, Paris 1853), comprend 136 vers latins dont *tous les mots* commencent par un *c*.

Auxerre paraît du reste avoir eu le privilège de musiciens spéciaux : outre Hucbald, on connaît le fameux Gantez (XVIIe siècle) dont les « *entretiens* » curieux ont été récemment publiés sur un exemplaire rare, par un de nos plus célèbres bibliophiles de Paris ; on cite encore Cathala (XVIe siècle), maître de chapelle italien qui a laissé une messe ne contenant pas une seule note *blanche*, sous cette épigraphe : *nigra sum sed formosa*. (*Entretien des musiciens par le s[r] Gantez*, Paris, Claudin, 1878, p. x).

2. Ambros. *Geschichte der Musik*, t. I et II. — Gevaert, *Histoire et théorie de la musique grecque*, t. II.

nouvelles ressources d'exécution à l'orgue[1]. Jusqu'à cette
époque, la partie auditive ne se composait guère dans
les grandes orgues que de l'ancien jeu de *flûte* plus ou
moins modifié, auquel les facteurs allemands avaient
déjà ajouté le cor recourbé (*Krumhorn*) et le basson-
hautbois ; généralement les instruments portatifs ne
furent composés que d'un jeu à anches fixes, qu'on appelait le jeu royal ou *régal* : on appelait alors l'orgue
regabellum.

Avant cette époque il n'y avait ni *tirants*, ni *registres*[2]. Ces derniers, règles de bois mobiles, permettant
de faire parler séparément chaque série de tuyaux, da-
tent aussi du XVᵉ siècle, ainsi que les jeux composés,
dits *de mutation*, qui permettent à l'exécutant, en abais-
sant une seule touche, de faire entendre une série de
tuyaux accordés ensemble à des intervalles formés
par des *harmoniques*[3] de la note principale. Ces jeux,

1. Le premier orgue à tuyaux installé dans une tribune à
Paris fut l'orgue de Saint-Séverin, sous le roi Jean-le-Bon
1350-1364. (*Magasin pittoresque*, tome V, p. 293). — Dans les
comptes de Mahaut, comtesse d'Artois, on voit des dépenses à
l'occasion, « d'un ménestrel qui joua des orgues à Conflans
« devant le roy (Philippe V) le jour qu'il y disna (26 juin 1319) ;
« d'un joueur d'orgue en 1320, de ménétriers *d'ogres* en 1323, et
« des réparations aux soufflets de l'orgue de la chapelle d'Hes-
« din en 1322. » (J.-M. Richard, *Mahaut*. Paris, Champion, 1887,
p. 110, 111). Ces instruments, y compris celui de la chapelle,
devaient être des orgues portatives (voir ci-après) d'un plus ou
moins gros volume. — A la cathédrale d'Angers, il existait autrefois, au-dessus d'une porte latérale, un petit orgue qui prove-
nait du château : ce n'était pas une merveille, dit Bodin, mais
la forme en était particulière (C. Port, *Péan de la Tuilerie*, p. 86,
en note. — Cfr. Lemarchand, *N.-D. Angevine de Grandet*, p. 58).

2. Pour peu que l'on connaisse tant soit peu la structure de
l'orgue, on demeure stupéfait en lisant dans le grand ouvrage
de Fétis, *Histoire générale de la musique*, t. V, p. 209, ce qui
suit : « Au moyen-âge, le positif, ou petit orgue fixé, en oppo-
sition avec l'orgue portatif, n'avait *ni soupapes, ni registres*. » —
Pas de registres, d'accord.... mais pas de soupapes ?.... à quoi
bon le clavier, alors, puisque le vent se serait précipité dans
tous les tuyaux à la fois ?

3. Les oreilles exercées parviennent, paraît-il, à saisir des
harmoniques dont la perception échappe au vulgaire. Un écri-

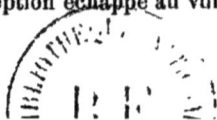

dont les anciens *organiers* ont étrangement abusé, tendent fort heureusement à disparaître entièrement de la facture moderne; jusqu'au XVIII° siècle les orgues en possédaient plusieurs pour chaque clavier.

II

On a vu, d'après ce que nous avons dit précédemment, que les orgues du moyen-âge constituaient d'énormes masses, d'immenses machines qui ne pouvaient guère trouver place que dans les édifices publics ; aussi avait-on imaginé de bonne heure un mode d'emploi plus commode et plus pratique de cet instrument. Nous voulons parler des orgues portatives qu'on retrouve si souvent reproduites dans nos manuscrits, peintures, dessins et vitraux à partir du X° siècle.

Ces réductions des grandes orgues se composaient d'un sommier qui supportait les tuyaux, d'un ou de deux petits claviers et d'une soufflerie actionnée de la main gauche et proportionnée aux jeux qu'elle devait alimenter. On touchait l'instrument de la main droite, tout en le soutenant sur le bras gauche et contre la poitrine quand il était de petite taille; autrement il était posé soit sur les genoux de l'exécutant, soit sur une table. Il pouvait encore être suspendu en bandoulière au moyen d'une courroie retenue aux montants par deux petites poignées

vain qui fait autorité, entend distinctement, comme harmonique du *sol, trois lignes au-dessous de la portée à la clef de fa, une seconde mineure de la cinquième octave* de cette note, soit le *la bémol* au-dessus de la portée à la clef de sol. (*Etude sur la musique grecque, le plain-chant et la tonalité moderne,* par Alix Tiron, Paris, Imprimerie Impériale, 1866, note II, page 225). — Quels beaux jeux de mutation les facteurs du XVI° siècle auraient construits sur cette donnée !

de métal. Les vitraux des cathédrales d'Amiens et de Sens (XIIIe et XIVe siècles) nous offrent de nombreuses et pittoresques représentations d'anges jouant de l'orgue portatif sous les formes les plus variées.

Tout le monde connaît la Sainte Cécile de Raphaël. Elle tient dans les mains un petit orgue renversé dont les tuyaux vont en croissant de longueur de gauche à droite, contrairement à ce qui s'est toujours pratiqué dans les instruments où il n'y eut pas d'*abrégés*[1]. Cette distraction des dessinateurs et miniaturistes se retrouve d'ailleurs très-fréquemment au moyen-âge. Quelquefois, comme dans le tableau dont nous venons de parler, cette inversion est manifestement voulue ; ici, en effet, elle est absolument nécessaire à l'ordonnance et à la symétrie de la composition.

Parmi les orgues portatives, il y en avait d'un grand poids que l'on faisait transporter à dos d'hommes ou sur des chars. On lit dans un inventaire des vieilles armes conservées au musée d'Amboise (septembre 1499) cette mention : « Et aussi les orgues apportées de Naples que j'ay voulu bailler à Jacques l'organiste par plusieurs foiz pour ce que la royne me l'avoit commandé[2]. » Au XIVe siècle, les dames de Sienne avaient des orgues dont la caisse, ornée de délicates marqueteries, se suspendait au cou par une chaîne de cuivre doré[3].

On retrouve ce genre d'orgue dans une foule de circonstances de la vie sociale ; pas de fêtes publiques, religieuses ou civiles, pas de processions, pas d'entrées de souverains, sans que l'on ait à signaler la présence des orgues.

---

1. On appelle *abrégé* une mécanique qui transmet directement aux soupapes le mouvement des touches.

2. *Bibliothèque de l'école des Chartes*, T. IV, 2me série, p. 422.

3. *Dresses and decorations of the Middle Ages*, by Henry Shaw, F. S. A. London, William Pichering, 1843, T. I. (Communication de M. L. de Farcy).

Froissard raconte qu'à l'entrée d'Isabeau de Bavière à Paris (13 août 1389) on dressa devant la Sainte-Chapelle « un escharfaut couvert de drap de haute lisse et encourtiné à la manière d'une chambre, et dedans avoient hommes qui sonnoient une orgue moult doucement. »

Le trop fameux Gilles de Rays, dit Barbe-Bleue, qui se piquait, comme Néron, d'être musicien à ses heures, se faisait suivre en voyage par une maîtrise complète et par des orgues portées sur les épaules de six hommes vigoureux[1].

Albert Durer, dans ses grandes peintures du *Triomphe de Maximilien I*[er] (1493-1519), a représenté l'organiste du souverain, Hans Hofhaimer, jouant de l'orgue sur un char traîné par un dromadaire[2].

La Sainte Cécile de la Pinacothèque de Munich, attribuée à Wohlgemuth de Nuremberg, est également représentée touchant un orgue portatif garni de riches incrustations[3].

Une curieuse gravure d'Israël Van Mecken (XVᵉ siècle), représente un musicien allemand touchant un orgue portatif déposé sur une table. Deux petits soufflets chargés de poids sont actionnés par une femme assise sur la table même. On aperçoit distinctement les extrémités de quatre registres, coupés probablement, puisque l'instrument n'a que deux rangs de tuyaux, dont les tirants sont garnis d'une lanière de cuir[4].

A la bibliothèque de Bourgogne, à Bruxelles, une miniature d'un bréviaire manuscrit du XVᵉ siècle re-

1. Abbé Bossard. *Vie de Gilles de Rays*, p. 66. — Voir aussi sur ce sinistre personnage, brûlé vif à Nantes en 1440, une fort curieuse étude publiée dans le *Journal de médecine*, T. LVII, 7ᵉ cahier, juillet 1886, p. 334-335.

2. Peintures de l'Hôtel-de-Ville de Nuremberg. — *Mag. Pittoresque*, 1872, p. 404.

3. Viollet-le-Duc. *Dictionnaire du Mobilier*, T. II, p. 299.

4. *Les arts au moyen-âge*, Lacroix, p. 529.

présente un arbre de Jessé dans lequel les ancêtres de
Jésus-Christ forment un concert avec les instruments de
l'époque. Un des rois de Juda tient sur ses genoux un
petit orgue à quatorze tuyaux[1].

Figure 6.

Le bréviaire du roi René d'Anjou (1409-1480), conservé
à la bibliothèque de l'Arsenal, à Paris, contient une superbe miniature qui représente sa « cour de musique. »

1. Lacroix. Les Arts au moyen-âge, p. 561.

3

Au premier plan on voit une femme assise jouant du psalterion, instrument à cordes tendues qui, par l'adjonction de touches, devait bientôt se transformer en *clavier*, puis en *virginal* ou *épinette*. Auprès d'elle, une autre femme tient sur ses genoux un charmant petit orgue à deux claviers et deux rangs de tuyaux [1].

Dans la « *Margarita philosophica nova* » illustrée par Jean Reinhard, dit Grünenger, une gravure sur bois [2] représente la personnification de la musique au commencement du XVIe siècle *(fig. 6[3])*. Un personnage en costume de clerc [4] touche un orgue à un seul clavier de treize touches, sans feintes, et à un seul rang de tuyaux posés à rebours. On aperçoit derrière l'instrument, placé sur un banc, les tables supérieures de deux petits soufflets. Des joueurs de flûte, de luth [5] et de harpe forment un concert, tandis qu'une dame empanachée, personnifiant la musique *(typus musice)*, déploie une page de musique à notes losangées. Un autre personnage allégorique tient au premier plan une balance dont les plateaux sont remplis de poids et de poinçons ; il semble vouloir indiquer que dans la musique tout doit être pesé et mesuré [6].

On lit dans les archives du chapitre de Nantes qu'au

1. Lacroix. *Loc. cit.*, p. 526.
2. Didot. *Essai sur la gravure sur bois*, p. 98 et suivantes.
3. Cette gravure, de l'édition de Bâle, est extraite des *Sciences et Lettres au moyen-âge*, par P. Lacroix, Paris, Didot, page 451.
4. Les prêtres seuls, et revêtus de surplis, avaient au moyen-âge le droit de toucher l'orgue. Le premier laïc à qui il fut permis, en France, de remplir cette fonction fut un notaire qui, en 1496, dérogea dans l'église Saint-Jacques à Paris à un usage consacré et universellement reçu. (*Connaissance pratique de l'orgue*, par le P. Girod, 2e édition, Namur, Wesmaël-Charlier, 1877, p. 169).
5. L'ancien *Eoud* des Arabes.
6. Jean Reinhard publia une seconde édition de sa *Margarita* en 1508. Voir Didot, *Essai sur la gravure sur bois*, et Lacroix, *Les Arts au moyen-âge*, p. 531. Cette seconde composition, qui figure dans l'édition de Strasbourg, est plus compliquée que la première.

Typ. L. Moreau, Laval.

Reprod. directe d'une phot., cliché Gillot.

Fig. 7. — Tapisserie « de M. de Rohan, » à la Cathédrale d'Angers (XVIe siècle).

XVI⁰ siècle on portait encore des orgues sur les remparts de la ville à l'occasion de la procession des Rameaux [1].

Dans la curieuse tapisserie dite de M. de Rohan, appartenant à la cathédrale d'Angers et qui date du commencement du XVI⁰ siècle, l'artiste a représenté une grande dame, (très-probablement Marguerite d'Armagnac, seconde femme de Pierre de Rohan [2]), accompagnant sur l'orgue un seigneur magnifiquement costumé, qui chante les yeux fixés sur un phylactère noté *(fig. 7)*. Le costume du noble chanteur est d'une richesse inouïe. Sur son escarcelle, à demi cachée par son manteau, se lit la lettre P. Un page, coiffé d'une toque ornée de trois longues plumes de faisan, fait mouvoir le soufflet du petit orgue. Derrière la princesse, deux autres pages se divertissent, l'un à faire miauler un chat qu'il tient suspendu par la queue et l'autre à faire aboyer un chien [3].

Le musée du Conservatoire de Bruxelles possède un superbe spécimen d'orgue portatif de la fin du XVI⁰ siècle; il contient vingt-six touches et deux rangs de tuyaux *(fig. 8* [4]*)*.

Nous signalerons enfin, pour terminer cette nomenclature, peut-être déjà longue, un très-bel orgue

---

1. Communication de M. L. de Farcy.

2. Pierre de Rohan, maréchal de France en 1475, avait épousé Françoise de Porhouët dont il eut trois fils : Charles de Rohan, seigneur de Gié, qui continua la postérité, François qui fut évêque d'Angers et archevêque de Lyon, et Pierre qui eut aussi des enfants. Françoise de Porhouët étant décédée en 1503, le maréchal épousa Marguerite d'Armagnac. (L. de Farcy, *Tapisseries de la cathédrale d'Angers*, p. 69).

3. *Les tapisseries de la cathédrale d'Angers*, p. 73, par M. L. de Farcy, que nous ne saurions trop remercier pour la complaisance avec laquelle il a bien voulu mettre le dessin de cette tapisserie à notre disposition.

4. Cette gravure est extraite de l'*Histoire de la musique*, par Lavoix, Paris, Quantin, page 136.

portatif du XVI° siècle de facture allemande, faisant partie des collections du South Kensington Mu-

seum. Des volets[1]
décorés de pein-
tures protègent
l'instrument por-
tatif, comme ils
protégeaient la
montre des gran-
des orgues dans

Fig. 8.

1. L'orgue d'Aves-
nières, dont nous
parlons ci-après,
avait des volets, car
les gonds qui les sup-
portaient existent
encore. L'orgue de
·la cathédrale d'An-
gers avait également
des volets, que des
facteurs du XVIII°
siècle détruisirent.
(L. de Farcy, *Les or-
gues de la cathédrale
d'Angers*, p. 9 et sui-
vantes). — L'abbé
Pâris-Jallobert. dans son *Journal historique sur Vitré*, a donné
(p. 111) copie d'un curieux marché fait pour « peindre les volets
des orgues de N.-D. de Vitré fondées devant la vitre de la façade où est l'histoire de M¹ Saint Jean-Baptiste (15 mars 1638).
« D'un costé, l'artiste devait peindre le triomphe de David avec
« la teste de Gollias ; de l'autre costé, un David priant jouant de
« la harpe ; au dehors desd. volets sera peint d'un costé les Si-
« billes, de l'autre des Profettes ; les volets du positif en de-
« dans une Sainte Cicille, de l'autre costé quelques figures reve-
« nant à l'histoire de Sᵗᵉ Cicille ; au dehors un Salvateur et une
« Vierge, etc. » — Le même auteur nous apprend (p. 463), que
les trois jeux d'orgue qu'il y avait à Vitré furent détruits pendant
la Révolution par ordre du représentant du peuple Esnûe-La-
vallée. — L'ancien orgue de la Trinité, établi à Laval par le
célèbre Cliquot, en 1770, périt également dans la tourmente de
1793 (Boullier, *Recherches sur la Trinité*, p. 188). — Au Mans,
les protestants anéantirent en 1562 un orgue, œuvre de Pierre
Bert, placé dans la nef de la cathédrale (Piolin, *Hist. de l'Egl. du
Mans*, t. VI, p. 710). « Plus. ont montré (les commissaires) les
« vaisseaux de menuiserie des orgues tant grandes que petites,
« lesquelles *sont suspendues entre les murailles et piliers de lad.*

nos vieilles églises[1]. Ces volets étaient garnis de peintures sur les deux faces.

III

Ce fut pendant la longue et pénible période qui commence au XIVe siècle pour finir au XVIe — époque triomphante des rhéteurs ennuyeux, légistes verbeux, théologiens rigides et scholastiques raisonneurs — que la musique (*ars nova*, comme on l'appelait alors), fondée par les « *gothiques harmoniseurs du déchant*[2], » se transforma peu à peu, se dégagea de ses rébus inexplicables et de ses subtilités incompréhensibles, pour s'épanouir, après de nombreux tâtonnements, dans la forme calme, magnifique et sereine de Palestrina (1524-1594[3]).

« *église* toutes vaques et desnuées de tuyaux et instruments et « lesd. vaisseaux d'orgues brisez en plusieurs endroits et de-« nuez de plusieurs choses. » — Voir aussi : abbé R. Charles, analyse de l'ouvrage de M. Hill : *The organ cases and organ of the middle ages and renaissance*, Londres, David Bogue, 1883, in vol. in-folio (*Revue du Maine*, t. XIII, p. 245).

1. Ernest Bosc, dans son *Dictionnaire de l'art, de la curiosité, et du bibelot*, p. 508, donne le dessin de cet orgue.

2. Lavoix. *Histoire de la musique*, Paris, Quantin, in-8o, p. 121.

3. « Pour distinguer les différentes valeurs de temps des notes, on les fit tantôt rouges, tantôt noires, vers le milieu du XIVe siècle ; puis, ce procédé étant par trop incommode, on écrivit en notes noires et blanches : quelquefois même la note était à moitié noire seulement. La musique faisait alors partie des mathématiques et était démontrée par théorèmes ; aussi se servait-on fréquemment, dans la mesure, de fractions numériques. On ne peut imaginer quel fatras mathématique surchargeait notre pauvre écriture musicale. Le signe écrit ne représentait pas à l'œil ce qu'il signifiait en réalité ; de plus, des indications manuscrites avertissaient le lecteur qu'il fallait diminuer ou augmenter la note mentalement de la moitié, du tiers ou du quart de sa valeur apparente ; ajoutez à cela que, dans un morceau, les diverses parties d'un chœur étaient écrites de façons différentes et en proportions ou *prolations* variées. Toute cette science si ardue de la lec-

L'invention de l'imprimerie, appliquée de suite à
l'impression des notes losangées de l'époque, contribua
non-seulement à la diffusion de la musique mais encore
à la simplification forcée des hiéroglyphes d'autrefois.

En présence de cet éblouissant réveil des lettres et des
arts, les facteurs d'orgues ne demeurèrent point en retard ;
ils appelèrent à leur aide les architectes, « maîtres ès-
œuvres et imaygiers » de la Renaissance. Ceux-ci adou-
cirent les lignes raides des plates-faces de leurs anciens
buffets [1] qu'ils flanquèrent d'élégantes tourelles surmontées de gracieux pinacles ; ils contournèrent, les
enlaçant de fines arabesques, les petits meubles du
positif, semant partout, au gré de leurs caprices, les
délicates sculptures de leurs motifs de décoration, tandis que les « imaygiers » garnissaient les frontons et
« admortissements » de figures de saints et d'anges
plus ou moins « *mouvantz* [2]. »

ture, à laquelle se joignaient encore les difficultés du calcul,
prenait le nom de *proportions numérales* ou *prolations*. Les
complications des signes étaient telles que les musiciens, et
même les meilleurs, n'étaient pas toujours capables de noter
correctement et faisaient de nombreuses erreurs. C'est pour-
quoi, même lorsqu'on ne rencontre pas des notations excentri-
ques, comme celles en *proportio supersexcupartienteseptima* ou
superquincupartientesexta, du théoricien Gafori, la lecture de
la musique des XIVᵉ et XVᵉ siècles, et quelquefois du XVIᵉ,
présente des obstacles presque insurmontables à l'historien
moderne (Lavoix, *Loc. cit.*, p. 122-123).

1. « Un coffre vulgaire, destiné à contenir une série de
tuyaux de diverses grandeurs, paraît peu susceptible de se
transformer en œuvre d'art ; cependant le talent des anciens
maîtres ornemanistes, architectes et sculpteurs, est sorti vic-
torieux de la difficulté et l'a surmontée presque toujours avec
un rare bonheur. » (Abbé R. Charles, *Semaine du Fidèle du Mans*,
6 octobre 1883, p. 1066). — L'orgue de La Ferté-Bernard (voir son
joli buffet dans les *Mélanges de décorations* de M. L. de Farcy) est
un des spécimens les plus heureux de l'époque de la Renaissance ; il est l'œuvre de Evrard Baudot, 1501, et de Pierre
Bert, 1536.

2. « A Nicolas Quesnel, *ymaginier*, pour faire deux ymaiges de
anges mouvantz pour mettre sur l'admortissement des orgues. »
1541 (Archives de la Seine-Inférieure, Saint-Maclou. *Glossaire*

La facture proprement dite avait, elle
aussi, fait d'immenses progrès : aux neuf
touches qui représentaient l'ancien alpha-
bet diatonique [1] avait succédé, dès la fin du
XVe siècle, un *clavier chromatique*, comprenant trente et une notes *(fig. 9[2])*, distri-
buées par demi-tons, et formant une éten-
due suffisante pour les besoins de la musique
de l'époque. Les jeux plus nombreux et de
plus en plus variés étaient distribués sur
plusieurs sommiers [3] ; le mécanisme encore

Fig. 9 (2).

De Laborde, p. 342). Rappelons que l'escalier de
la tribune de ces orgues est soutenu par deux
admirables colonnes en marbre sculpté, œuvres
de Jean Goujon.

1. Durant de longs siècles, la tablature des
sons musicaux, dans le genre diatonique, corres-
pondait aux touches blanches de notre clavier.
Pour distinguer le *si*, représenté par la lettre B,
seule note altérable de l'ancien diagramme, suivant son intonation à l'intervalle de quarte aug-
mentée ou de quarte juste du *fa* inférieur, Saint
Grégoire, pour le premier cas, avait adopté un
B *carré*, (♮) d'où dérive le mot *bécarre*, et, pour
le second, le B *rond*, (♭) ou *mou*, d'où vient le mot
bémol (*Etudes sur la musique grecque, le plain-
chant et la tonalité moderne ;* A. Tiron, note IV,
p. 241).

2. Diagramme du clavier de l'orgue au commencement du XVIe siècle (notation alphabétique
et moderne).

3. Généralement, c'est sur un des gros tuyaux
de la *montre* ou sur une des barres du *sommier*
que l'on trouve le nom du facteur et la date de
la construction de l'orgue. A La Ferté-Bernard,
lors d'un relevage, on lut cette mention, écrite
en lettres gothiques :
Priez Dieu p^{or} celui qui l'a faict.
A Mamers, dans l'intérieur du buffet, on décou-
vrit naguère cette inscription curieuse : « Cet
orgue a été massacré par un « nommé Colesse,
« soi-disant facteur, qui, pour l'accorder, a coupé,
« rogné, fendu et papilloté tous ces tuyaux en
« 1748, et raccommodé en 1760, par Nicolas Parisot, facteur
Lorrain, qui y a ajouté un clairon. » (Abbé R. Charles, *Revue du*

grossier avait reçu, grâce aux lois mieux appliquées de la statique, de notables perfectionnements et les touches, ainsi que les pédaliers avaient été adoucis sous les mains et les pieds de plus en plus habiles des organistes. Seule, la soufflerie devait rester pendant longtemps encore absolument défectueuse[1], malgré tous les efforts ingénieux[2] que l'on put faire pour améliorer cette partie essentielle de l'orgue.

Jusqu'ici tributaires de l'Angleterre, de l'Allemagne et de l'Italie, les facteurs français ne tardèrent pas, sinon à égaler leurs anciens maîtres, du moins à pouvoir lutter contre eux avec avantage. Dès le XVIe siècle en effet, ils installèrent, dans nos vieilles cathédrales gothiques, bon nombre de grandes orgues qui n'étaient pas sans mérites. Le rôle de ces instruments consistait surtout alors à soutenir et à diriger les chants des fidèles ; aussi, étaient-ils placés au milieu de la nef, généralement en face de la chaire, comme à Strasbourg, Le Mans (ancien orgue), Bayeux, Vannes, Chartres, Metz, La Ferté-Bernard[3] et ailleurs.

Mais il fallait bien sacrifier aux goûts de l'époque ; c'est

Maine, T. XIII, p. 247). — C'est une inscription sur un tuyau de la montre qui nous apprend le nom du facteur de l'orgue d'Avesnières dont nous allons parler — En démolissant un ancien sommier de l'orgue de la cathédrale de Bordeaux, on a découvert un parchemin qui faisait savoir le nom de son constructeur, dom Bédos, le fameux bénédictin auteur du traité dont nous avons parlé (Communication de M. Goydadin, facteur à Bordeaux, qui confirme la supposition émise par M. Hamel, (*Facteur d'orgues*, T. III, p. 387).

1. L'imperfection des souffleries est le mal radical de la facture ancienne ; elle s'est prolongée jusque dans le XVIIIe siècle (Fétis, *Histoire générale de la musique*, T. V, p. 209).

2. A Einsiedeln, en Suisse, on montait pour souffler l'orgue sur un petit escalier dont les marches s'abaissaient à mesure qu'on les gravissait (Régnier, *L'Orgue*. p. 470,).

3. La plupart de nos églises gothiques portent encore l'instrument divin attaché, comme une décoration d'honneur, au flanc gauche de la nef principale (*L'Orgue*, par l'abbé Regnier, p. 233).

alors que les facteurs, dont les instruments recélaient déjà
des engins imitant la *grêle* et le *tonnerre*, imaginèrent de
mettre en mouvement les images et
les sculptures dont les architectes
avaient surchargé leurs buffets [1], en
plus des *carillons* et des *chants
d'oiseaux* qui existaient pour ainsi
dire partout. L'orgue de Strasbourg
(1489), jaloux sans doute du voisi-
nage de l'horloge à figures mécani-
ques, avait deux automates ; les orgues de Reims (1481) et d'Orléans,
étaient couronnées par une statue de
Dieu le Père, ayant à ses côtés deux
chœurs d'anges sonnant de la trompette ; à Delft (1455) s'agitait une
grosse caisse avec des grelots ; à
Beauvais (vers 1530) une figure co-
lossale de Saint Pierre donnait, du
haut de l'orgue, la bénédiction au
peuple, en agitant la tête et en rou-
lant les yeux ; à Munster (1579) un

Fig. 10. Tete de Barcelone.

jeu mettait en mouvement une statue de la Vierge et trois
étoiles ayant des sonnettes à leurs pointes ; à Saint-Pierre
de Berlin [2], un grand aigle planait devant la lune et le so-

1. « On a converti en un véritable théâtre de marionnettes
l'instrument destiné, par sa puissance et sa majesté, à contri-
buer aux solennités du culte divin. Dans ce ridicule spectacle,
les figures d'anges jouaient un grand rôle. On leur mettait à la
main des trompettes qu'elles portaient à la bouche pour les
faire sonner ; d'autres frappaient sur des tambours, des timba-
les et des carillons. Au milieu de ce chœur céleste s'élevait un
grand ange qui battait la mesure. Autour d'eux s'agitaient des
étoiles argentées ; la lune et le soleil, brillants d'or, tournaient en
mettant en mouvement une multitude de grelots et de sonnettes, pendant que des coucous, des rossignols et autres oiseaux
mêlaient leurs chants à ces bruits confus, et qu'un aigle planait
au-dessus. » (Hamel, *Notice historique sur l'Orgue*, p. L et LI).
2. Cet orgue devrait être le plus grand de l'univers ; il a cinq
claviers à mains et est construit pour recevoir 150 jeux ; il n'a

leil ; enfin, dans notre ancienne ville d'Angers (1417),
des jeux d'étoiles dorées et argentées tournaient sur un
axe à l'orgue de la cathédrale[1], tandis que deux anges
sonnaient de la trompette à la collégiale de Saint-Nico-
las[2].

Le style architectural roman avait imité l'antiquité,
en adoptant pour motifs de décorations de ses chapiteaux des têtes humaines, ce qui est prouvé par les
nombreux fragments de sculpture retrouvés à Pompéi.
Le XVIe siècle, avec ses saturnales grotesques, (notamment la « *Fête des fous* » qui se célébrait surtout à Sens
le 12 janvier et qui ne fut supprimée qu'en 1547), et au
milieu de ses extravagantes[3] et indécentes sculptures,

---

jamais été terminé et ne contient qu'une soixantaine de jeux
(*Description de l'orgue*, par Schmitt, Paris Roret, 1855, p. 275).

1. Restauré en 1873 par M. A. Cavaillé-Coll de Paris, à qui
la facture française est redevable du premier rang qu'elle oc-
cupe incontestablement en Europe. — Les deux orgues de la
cathédrale de Laval, construites par cet habile facteur, ont été
reçues le 31 mai 1853 par M. Ch. Simon, organiste à Paris. —
(*Nouveau manuel de l'organiste*, Roret, 1863, p. 81). — Voir le
très-intéressant ouvrage publié par les soins de M. Cavaillé-Coll :
Le grand orgue de la nouvelle salle de concert de Sheffield.

2. C. Port, *Péan de la Tuilerie*, p. 462.

3. Au XVe siècle le matérialisme, qui règne dans la société
et la littérature, s'introduisit aussi dans l'art. Tandis que les
femmes, avec leur énorme coiffure échafaudée de cornes, affec-
tent des formes bestiales, la sculpture tombe dans les mêmes
extravagances. Les artistes usent du ciseau comme les prédicateurs de la parole, sans scrupule, sans ménagement pour la
pudeur de leur auditoire. La satire aboutit au cynisme et à la
trivialité ; la caricature grotesque déborde et envahit tout, elle
s'étale triomphalement dans les lieux les plus respectés. Un
véritable carnaval d'animaux travestis entre dans l'église ;
alors apparaissent les moines à tête et à pieds de cochon, les
prédicateurs à oreilles d'âne. Tout le vocabulaire que Luther
et Calvin épuiseront plus tard contre le clergé catholique est
là. Les stalles, d'ailleurs si remarquables, de la cathédrale
d'Amiens, les sculptures sur bois conservées à l'hôtel de
Cluny nous offrent un échantillon de ces bizarres travestisse-
ments. Ici, c'est un renard vêtu en moine, qui prêche des poules ;
là, *un pourceau qui touche de l'orgue, pendant qu'un loup fait
mouvoir le soufflet.* A Strasbourg, au coin de la nef, on voyait
un âne orné d'une chape, disant la messe, tandis que d'autres

avait légué cette tradition de têtes grimaçantes au siècle suivant, qui ne se fit pas faute de les employer. Rien
de surprenant dès lors,
si l'on retrouve, suspen-
dues à un certain nom-
bre de nos anciennes or-
gues, ces têtes ornant
à profusion les vieux
chapiteaux.

Les quelques têtes
grotesques que l'on con-
naît en France, et qui
ont pu échapper aux rui-
nes de nos guerres civi-
les, ont cette triple particularité commune : *el-
les ornent toujours la
partie inférieure des
orgues; — elles sont
toutes du XVI° siècle,*

Fig. 11. Tête de Montoire.

— et toutes ont la mâchoire inférieure mobile.

Les seuls spécimens connus ou étudiés jusqu'ici sont :
une tête mauresque, à la cathédrale de Barcelone[1]
(fig. 10); une tête grotesque provenant d'un couvent
des Augustins à Montoire[2] *(fig. 11)*; une autre tête ve-

animaux remplissaient l'office de diacres... Toutes les excen-
tricités de la fantaisie, toutes les brutalités du réalisme se
mêlent et s'accumulent au hasard. Des animaux immondes,
représentant les vices de l'humanité, viennent se poser effron-
tément jusqu'aux portes du confessionnal. La stérilité ingé-
nieuse, la laideur risible, la familiarité triviale. en un mot, le
burlesque, marquent le dernier terme de l'art comme de la
littérature gothique (Lenient, *La Satire au moyen-âge*, in-8°,
Paris, Hachette, p. 403-404.

1. *Magasin pittoresque*, 1841, p. 208.

2. *Bulletin de la Société archéologique du Vendômois*, article de
M. de Salies, p. 97 à 118. et *Magasin pittoresque*, 1868, p. 8.
Celle-là seule ne remue pas les yeux.

nant probablement de l'ancien orgue de la cathédrale du Mans [1]; trois têtes existant encore au buffet de l'orgue de l'abbaye de Saint-Savin de Lavedan [2] (Hautes-Pyrénées) *(fig. 12)*; et enfin une tête grotesque provenant de l'ancien orgue d'Avesnières *(fig. 14 et 15)* dont nous allons parler.

M. de Salies s'est livré à une longue, très longue dissertation sur l'origine, l'historique et le symbolisme des têtes de Barcelone, de Montoire et de Saint-Savin; nous ne suivrons point cet érudit, d'ailleurs sympathique, dans ses déductions hasardées, attendu que, comme il le dit lui-même très-modestement, sa conclusion est tout simplement un aveu d'ignorance [3]. Toutefois, diverses affirmations ont été émises dans cet écrit, et dans une communication faite par le même auteur, à la *Revue des Sociétés Savantes*, qui doivent être réfutées. Les têtes de Saint-Savin, dit-il, ont *été accrochées sous Louis XV* [4]; c'est inexact, les têtes ont la même origine que l'orgue qui porte la date de 1557 [5]. On tirait *un registre*, dit plus loin M. de Salies, *pour faire mouvoir ces têtes,* dont les mâchoires s'entrechoquaient *lorsque les chants*

---

1. *Bulletin du Vendômois*, ci-dessus, p. 94 et *Magasin pittoresque*, 1878, p. 187. — L'orgue actuel de la cathédrale du Mans, quoi qu'en aient pu dire le R. P. Tournesac et M. Boyer, n'a rien de commun avec celui qui fut détruit en 1562. Voir note précédente, p. 235.

2. *Bulletin Monumental*, p. 9 (année 1887, sixième série, tome III). Les figures que nous reproduisons ici sont dues à la plume de M. L. Garnier, qui a bien voulu les dessiner pour la Commission sur les planches du *Magasin pittoresque* et du *Bulletin monumental*. — Dans le patois populaire du pays les têtes de Saint-Savin sont appelées *Babaouis* (Voir note 1 de la p. 37).

3. *Lettre à la Société archéologique du Vendômois sur une tête automatique autrefois attachée à l'orgue des Augustins de Montoire (Bulletin de la Société archéologique, scientifique et littéraire du* Vendômois, 1867, p. 97 à 119).

4. *Magasin pittoresque*, année 1878, p. 187.

5. Voici l'inscription qu'on lit sur le clavier : « Hoc organum factum fuit ad honorem totius curiæ anno 1557. » Cfr. l'article de M. Lafont dans le *Bulletin monumental*, loc. cit.

sacrés se faisaient entendre et lorsqu'on posait les
doigs sur le clavier. Le mot *registre* est d'abord absolument impropre ; là, comme ailleurs, c'était un simple
mouvement de bascule qui faisait mouvoir la mâchoire
et les yeux de la tête, au gré de l'organiste, et non pas
seulement quand *les chants sacrés se faisaient entendre;* par conséquent la mâchoire inférieure, qui s'ou-
vrait et se fermait avec fracas, restait immobile, con-

Fig. 12. Têtes de Saint-Savin de Lavedan.

trairement à ce qu'en dit notre auteur, lorsqu'on posait
les doigts sur le clavier de l'instrument.

Voici la description de ces mêmes têtes, d'après le
Bulletin Monumental :

« Au-dessus d'un échafaudage en bois sur lequel est
établi l'orgue de Saint-Savin, dit M. Paul Lafond, se
trouvent placées sur une même ligne, mais espacées
entre elles, trois têtes grimaçantes, aux yeux et à la
mâchoire inférieure mobiles autrefois, mais dont le mécanisme ne marche plus aujourd'hui, sculptées en ronde
bosse et enfermées chacune dans une sorte d'encadre-
ment de bois, comme les têtes, et très en saillie sur le
reste de la construction[1]. »

Cette description, qui peut s'appliquer presque entièrement aux autres têtes, a l'avantage d'être sobre ;
mais elle a l'inconvénient de ne rien expliquer.

Le petit orgue de N.-D. d'Avesnières, près Laval,

1. *Bulletin monumental, loc. cit.*, p. 10.

dont nous sommes heureux de reproduire le joli buffet [1]
(fig. 13, hors texte), fut construit en 1590, par Florentin
Lusson, dont le prénom indique une origine italienne.

Le mode d'installation de l'instrument offre cette particularité qu'il fut accroché, suspendu à la muraille mé-
ridionale de l'église et au bas de la nef, de sorte que
les fidèles l'avaient à leur gauche en sortant par le grand
portail. Cette disposition, unique à notre connaissance,
venait probablement de ce que, la partie occidentale du
monument ayant été incendiée pendant les incursions
anglaises du XV⁰ siècle, on avait dû la rebâtir à la hâte,
de sorte que l'orgue avait été mis provisoirement à une
place qu'il avait en définitive conservée jusqu'à nos
jours [2].

1. Grâce à un cliché photographique, pour les parties existant
encore, qui nous a été obligeamment communiqué par M. E.
Garnier, à qui nous adressons nos remercîments.

2. C'est vers 1540 que Jamet Neveu terminait la flèche et les
charmants clochetons *renaissance* de l'église de N.-D. d'Avesnières. — « Une polémique ardente s'est élevée, dit D. Piolin
(Hist. de l'Eglise du Mans, T. VI, p. XI), sur les origines du
prieuré d'Avesnières... En 1040, ajoute le même auteur, recti-
fiant ce qu'il avait dit précédemment, même ouvrage p. 175 et
suivantes du T. III, Yves de Saint-Berthevin fonda l'église,
d'après une *charte* de Marmoutiers. et son fils Guérin donna
le prieuré aux religieuses du Ronceray. » M. Bertrand de
Broussillon *(Bourjolly*, T. I, p. 209), se garde bien d'assigner
à cette fondation une date qui semble devoir rester incer-
taine. La publication du cartulaire du Ronceray a détermi-
né d'une manière positive celle de la donation par Guérin de
Saint-Berthevin. Ce cartulaire de la célèbre abbaye bénédic-
tine du Ronceray « composé, dit M. Port *(Dict. de Maine-et-
Loire* au mot *Angers-abbaye*) de six rôles enroulés sur des bâ-
tons en chêne à têtes rondes. autrefois peintes et dorées, » fut
mis en vente le 24 mai 1851 parmi les richesses qui composaient les collections de M. Toussaint Grille ; inscrit au catalo-
gue sous le n⁰ 3162. il devint, au prix de 560 fr. la propriété de
la ville d'Angers. Voir dans la publication de M. Marchegay *(Car-
tularium monasterii beatæ Mariæ Caritatis andegavensis)* les trente chartes qui ont trait à notre prieuré : n⁰ˢ CCCLX à CCCXC. La
première de ces pièces, à laquelle l'auteur ci-dessus assigne la
date de 1070 (circa), contient la *donation* de l'église d'Avesnières et de ses dépendances aux religieuses du Ronceray.

Voir sur Avesnières, son église, son pèlerinage : Marche-

A cet orgue, était attachée, comme à Montoire, à Barcelone et ailleurs, une tête grotesque justement appelée par le peuple « *le papotier* d'Avesnières [1], » du

gay, *Cartulaire du Ronceray*, Angers, in-8°. — M. Le Segretain, *Rapport sur l'état de l'église d'Avesnières (Bulletin de la Société de l'Industrie de la Mayenne*, in-8°, Laval, Godbert, 1853, p. 141). — I. Boullier, *Mémoires ecclésiastiques concernant la ville de Laval et les environs*, passim. Laval. Godbert, 1847, in-8°. — Mérimée, cité plus bas. — De la Sicotière, également cité plus bas. — Boyer Michel, *Annuaire de la Sarthe*, déjà cité et *Bulletin de la Société d'agriculture, sciences et arts du Mans*, 1846-1847, Le Mans. Monnoyer, 1884, in-8°, p. 354 — L. Palustre, *La Renaissance en France*, Paris, Quantin, in-folio, 1887, p. 123. — *Maucourt de Bourjolly*, annoté par MM. Le Fizelier et Bertrand de Broussillon, 2 vol, in-8°, Laval, Moreau, 1886, passim. — E. B. et P. M. *N.-D. d'Avesnières* dans *le Maine et l'Anjou* du Baron de Wismes, Nantes, in-folio, Vincent Forest et Grimault, T. I. — Maignan, deux opuscules, *N.-D. d'Avesnières*, in-16, Laval, Feillé, 1856 ; et *Notice historique sur N.-D. d Avesnières*, in-12, Laval, Moreau, 1860. — Couanier, *Rectifications à une brochure de M. Maignan*, in-12, Laval, Godbert, 1860 ; *Fête du couronnement*. — D. Piolin, *Le saint Pèlerinage d'Avesnières. histoire et description du monument*, in-16, Mary-Beauchêne, 1860. — Stéphane Couanier de Launay, *Histoire de Laval*, in-8°, Laval, Godbert, 1856, p. 18 et suiv. — Le Paige, *Dictionnaire du Maine*, Le Mans, Toutain, 1777, 2 vol. in-8°, T. I, p. 46.

1. Voir Ducange, verbo *pappare*, et *Vocabulaire du Haut-Maine*, par M. de Montesson, aux mots *papeau*, qui se dit, selon l'auteur, de toute lèvre longue et pendante, et *pappe*. — De *papotier* peut-on rapprocher les mots *babaout* et *babouin?* Les papotiers ont avec les babouins un rapport de commune laideur. A Laval on nommait jadis *babouins* des figures très populaires, analogues au papotier, et qui jouaient un rôle dans les processions de la Fête-Dieu. C'étaient des tetes de bois, de grandeur naturelle, *à mâchoires mobiles*, que l'on montait sur des mannequins habillés, et qui, placées sur un théâtre, le plus souvent à l'entrée du parvis de Notre-Dame des Cordeliers, représentaient des scènes de l'Ancien ou du Nouveau Testament. Au passage de la procession, les ficelles faisaient leur office, et les *babouins* agitaient les mâchoires ou remuaient les bras. La construction du théâtre, l'installation des *babouins* intéressaient beaucoup les lavallois qui, pendant les soirées précédant la Fête-Dieu, venaient en foule assister aux préparatifs. Les *babouins* fonctionnaient encore sous la Restauration. Le dernier qui les manœuvra fut M. Salliord, oncle du sympathique organiste actuel de Notre-Dame qui, ayant voyagé comme soldat en Italie, s'était épris d'une grande passion pour les orgues et tout ce qui s'y rattache. M. Salliord, pendant les dernières années de sa vie, s'est beaucoup occupé, en amateur, de facture d'orgues.

vieux mot latin *pappare*, qui signifie *saisir avec les lèvres* et indique parfaitement l'action de la mâchoire inférieure[1] *(fig. 14 et 15).*

Le papotier d'Avesnières[2] ne le cède en rien pour la laideur à ses confrères de Montoire et de Barcelone; un des yeux tourne de haut en bas, tandis que l'autre, par un strabisme inédit, remue de droite à gauche. La mâchoire inférieure s'ouvre dans un hiatus effrayant, et l'ensemble, sculpté en plein bois, par une main ferme, nous fournit un vrai modèle d'une tête grotesque telle que l'entendaient les sculpteurs du XVI° siècle.

Le buffet de l'orgue, bien que construit à la même époque[3], offre un assez beau spécimen de la sculpture du commencement de la Renaissance : cinq plates-faces, supportées par des encorbellements et remplies de tuyaux, sont surmontées par une élégante frise divisée en trois compartiments, avec têtes casquées à droite et à gauche et motifs de décoration au centre; un fronton cintré couronne le tout[4].

Pendant la Révolution, l'orgue d'Avesnières ne souffrit pas plus que l'église qui, fermée une des dernières, fut rouverte au culte la première de la contrée, le 4 mai 1800.

---

1. Un vieux dicton existe encore à Laval ; on dit d'un bavard : « *La goule lui va comme au papotier d'Avesnières.* »

2. C'est dans le cabinet de M. L. Garnier, notre aimable confrère, que ce débris de l'orgue d'Avesnières est conservé : un moulage en a été fait pour le Musée de Laval. Nous tenons à adresser à M. Garnier tous nos remercîments pour l'obligeance avec laquelle il nous a permis de faire reproduire cette curiosité historique.

3. A Laval, dit M. Palustre dans sa splendide publication, la Renaissance s'infiltre doucement sans secousse ni grand éclat ; *un demi-siècle après son apparition,* c'est à peine si elle est parvenue à se dégager entièrement des étreintes du moyen-âge (*La Renaissance en France*, le Maine, p. 122.

4. Ce buffet a une grande analogie avec celui d'Hombleux en Picardie, qui est attribué au XIV° siècle (Voir Viollet-le-Duc, *Dictionnaire du Mobilier*, au mot *Buffet*, p. 253).

P. Mérimée, dans ses *Notes d'un voyage dans l'ouest de la France,* » est trop heureux de sa découverte d'une *apside* (sic) dans le mur septentrional de l'église de la Trinité, pour avoir remarqué notre vieil orgue [1].

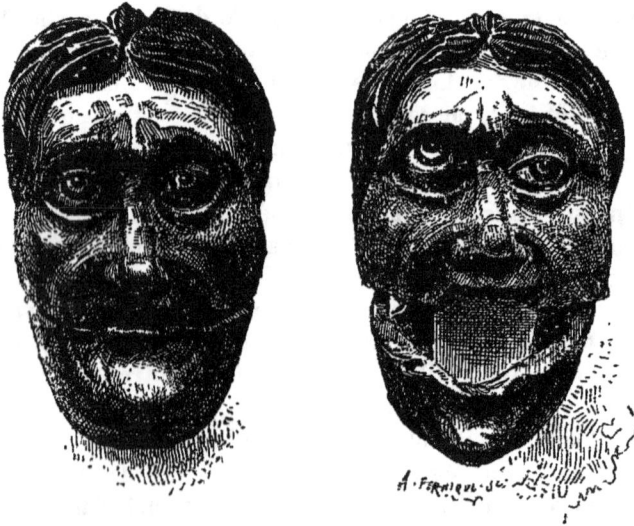

Fig. 14 et 15. Le *Papotier* d'Avesnières.

M. de La Sicotière, dans son intéressant article du *Mémorial de la Mayenne* [2] sur Avesnières, n'en parle

1. Extrait d'un *Rapport à M. Salvandy*, Bruxelles, Hauman, Cattoir et Cie, 1837. On lit ce qui suit p. 77 : « J'observe ici (à l'église de la Trinité) un fait rare dans nos églises, c'est une apside peu enfoncée, pratiquée dans le mur septentrional, c'est-à-dire à l'opposite du chœur. » Mérimée a tout simplement en vue la porte du bas de la nef de la cathédrale, murée depuis la fin du XVIe siècle, et tout récemment rétablie à l'occasion de la reconstruction de la façade. Cette bévue de la science officielle a été spirituellement relevée par M. Boullier dans ses « *Recherches sur l'église et la paroisse de la Trinité de Laval,* » i n-8°, Laval, Godbert, p. 145.

2. T. I, p. 50 et suivantes.

pas non plus ; seul M. Boyer, *doyen des organistes de France,* comme il s'intitule, le décrit en ces termes :

« L'orgue d'Avesnières, dit-il [1], est assez considéra-« ble, il a deux claviers, et est situé au bas de la nef ; « il est orné de sculptures qui paraissent appartenir au « règne d'Henri III. Il est ainsi composé : boiserie de « la fin du XVIe ou du commencement du XVIIe siècle. « Quatre octaves et quatre notes, d'*ut* en *mi. Grand* « *orgue* : trompette, clairon, prestant, cornet, hautbois, « flûte allemande, bourdon de huit, tremblant fort et « doux ; *positif,* montre de huit, prestant, bourdon de « huit, tierce, nasard, cromorne, doublette et fourni-« ture, tirasse pour les pieds, trois soufflets.

Nous eûmes en 1878 l'occasion de voir et de toucher le vieil orgue d'Avesnières ; une soufflerie absolument dé-tériorée alimentait insuffisamment d'anciens jeux criards, dont les basses ne parlaient plus ou presque plus.

Si la disparition de la partie *résonnante* n'est point à regretter, nous ne saurions en dire autant du vieux buffet, dont les débris sont entassés dans les combles d'une sacristie ; et nous voulons espérer que, dans les projets d'installation d'un nouvel orgue, et d'accord avec la fabrique, le facteur chargé des travaux [2] tiendra à utiliser ici, comme il l'a fait ailleurs, et à nous conser-ver ces vieux restes, ces antiques souvenirs *trois fois séculaires.*

1. *Notice sur les orgues du diocèse du Mans avant et depuis* 1789 (*Annuaire de la Sarthe,* 1848, p. xv et xvi). Voir sur cet artiste original la curieuse brochure de M. Victor Pavie, intitu-lée : « *M. Boyer, l'orgue et moi* » et la notice du grand ou-vrage du baron de Wismes sur le *Maine et l'Anjou,* Introduction à l'*Anjou,* p. xxvii. M. Boyer est mort au Mans le 16 septembre 1859, âgé de 91 ans (*Revue de l'Anjou,* année 1859).

2. M. Debierre, de Nantes, qui a su conserver à Dol (Ille-et-Vilaine), Saint-Lô, Vire (Manche) et ailleurs de vieux buffets du XVIe siècle. — A Evron, l'ancien buffet de l'orgue (XVIIe siè-cle) a été aussi conservé, avec ses curieux tuyaux gaufrés, par M. Goydadin, facteur à Bordeaux, lors d'une reconstruction récente.

Le *papotier* serait même rétabli que, pour parler franchement, nous n'y trouverions nullement à redire ; ses grimaces d'un autre âge feraient sourire les enfants et nous rappelleraient les générations passées, qui, elles aussi, prirent plaisir à son innocent badinage ; ayant sur les bruyants accessoires de son siècle un avantage énorme, — celui d'être muet, — il n'empêcherait point le *roi des instruments* de répandre dans notre vieux sanctuaire rajeuni les flots d'harmonie de ses mille tuyaux et nous laisserait goûter en paix les douceurs de la musique, cet art sublime entre tous, dont un de nos académiciens les plus aimables faisait naguère l'éloge en ces termes :

« Le marbre est sous nos yeux, dit M. de Falloux, « mais le marbre est scellé à la terre et semble y en- « chaîner nos regards ; la peinture est clouée sur la « muraille et elle ne peut s'élever tout au plus que jus- « qu'à la voûte du temple ; la musique seule a des ailes, « la musique seule peut prendre le cœur de l'homme « tout entier, et, dans un essor que rien n'arrête, le « porter jusqu'au trône de Dieu avec ses douleurs ou « ses joies, ses supplications ou ses actions de grâce[1]. »

IV

Il nous reste, pour terminer cette notice et donner une idée complète de la facture d'orgue au XVIe siècle, à présenter à nos lecteurs des documents contempo- rains : nous y joignons une liste de quelques facteurs.

Nous n'avons pu, à notre grand regret, retrouver dans les papiers de la fabrique d'Avesnières le marché de

---

1. *Discours à la distribution de prix de l'Institution de Com- brée, 1886* (Segré, V. Gérard, p. 18).

l'orgue de Florentin Lusson, et les deux devis que nous donnons ci-après ne sont point inédits : le premier est extrait de l'ouvrage de M. Hamel[1], et le second a été publié, mais avec quelques fautes de lecture, par le *Bulletin du Comité des Travaux Historiques et Scientifiques,* année 1855.

Il s'agit, dans le premier marché, qui est tout à fait du commencement du XVI⁰ siècle, d'un petit orgue a huit jeux et à *trente sons,* et dans le second, d'un orgue de salon, comme on dirait aujourd'hui, avec les plus beaux accessoires de l'époque : *tremblant, tambourin, rossignol,* etc.

La composition de l'inévitable jeu de mutation comprenant huit tuyaux *sur marche,* ne donnerait peut-être pas une harmonie bien agréable pour nos oreilles modernes. Il est vrai que *l'unisson d'une régale avec l'épinette* devait adoucir cette singulière *fourniture.*

§ 1ᵉʳ

CONSTRUCTION DES ORGUES DE NOTRE-DAME DES TABLES, A MONTPELLIER, PAR JEHAN TORRIAN, MAISTRE ORGANISTE, ET JEHAN CHONARD, MENUISIER (ANN. 1504).

« Pactes et prisfaictz et passés entre les nobles et honorables sieurs les consulz de Montpellier, d'une part, et maistre Jehan Torrian, natif de Venisie, maistre d'orgues, d'aultre, et ce des orgues que les dits sieurs consuls baillent a fere fere, et construire de nouveau au dit Torrian pour l'esglize de Nostre-Dame des Tables dudit Montpellier.

« Et premièrement, est de pacte convenu et accordé que lesdits sieurs consuls baillent au dit maistre Jehan Torrian pour fere les dits orgues la somme de cent

1. Tome III, p. 490 et suivantes.

vingt livres tournois seulement, moyennant la quelle somme de cent vingt livres tournois le dit maistre organiste
doyt fere ses dépens tant pour soy que pour ses gens.

« Item est de pacte que, outre les dits cent vingt livres tournois, les dits sieurs consuls doyvent bailler audit
maistre organiste la matière que sensuyt, cest assavoir
estaing, plum, alupe, cloux et colle tant seulement.

« Item est de pacte que les dits sieurs consuls doyvent bailler et fournir audit maistre organiste lieu et
plasse tant pour faire lesdits orgues, que manger, boy-
re et dormir pour soy et pour ses gens tant seulement,
et il doyt pourveoir de lyt, de feu tant pour soy que
pour fere les dicts orgues.

« Item est de pacte, que ledit organiste doyt fere lesdits orgues bons et soufizans *et meilleurs sans compa-
raison que ceulx du covent des Cordeliers* de la présent ville de Montpellier.

« Item est de pacte, que ou cas que lesdits orgues ne
fussent de telle bonté que dessus est dite, ledit organiste veut et consent que l'argent que lui serra deu à
la fin et achevement desdits orgues que luy soyt perdu.

« Item est de pacte, que ledit organiste doibt fere les
canons desdits orgues toustz prestz et les doibt pauser
à ses dépens, sans aucun cost ausdits sieurs consuls.

« Item il est de pacte, que ledit maistre organiste
doibt fere lesdits orgues comme et en la forme du patron, lequel a baillé devers lesdits messieurs consuls,
et oultre ledit patron doibt mettre deux petits jeux
d'orgues par-dessus ledit jeu, s'il est advis à la ville
et à messieurs les consuls.

« Item il est de pacte, que ledit organiste doibt fere le
premier canon gros des dis orgues de la bouche en sus
de longueur de treze pans[1] et plus si advis luy est,

1. Treize pans font près de 3 mètres (un peu plus de 8 pieds).

et de largeur d'ung pan simple ou d'ung patron rond, lequel a baillé devers lesdits sieurs consuls, et les aultres à la raison de bon orgue de degré en degré en diminuant.

« Item ledit maistre doibt fere audit orgue huyt registres, autrement appelés jeuxs ou divers sons et avec lesquels huyt registres se porront toucher lesdits orgues *à trente sons.*

« Item il est de pacte, que ledit organiste promet de fere lesdits orgues et avoir faictes d'icy à Pasques prochaine, *salvo justo impedimento ab utraque parte.*

« Item il est de pacte, qu'achevés lesdits orgues a voulu et consenty que la dite ville ne luy baille le reste de l'argent, telle quelle y sera que premièrement ne ayent par quinze jours faictes, celles orgues par organistes et gens expertes visiter si sont bons, et ou cas que ne fussent ainsi que dessus est dit, s'est soumis ainsi que dessus.

« Item est de pacte, que d'icy a Tous Saincts prochain mesdits sieurs consuls lui bailleront vingt-cinq livres tournois et en après de moys en moys d'icy à Pasques dix livres tournois, non obstant que si plus tost il y a fayt, et que lesdits orgues soient trouvés bons, que il sera payé de tout incontinent.

Autres pactes et prisfaict faictz et passéz entre messieurs les consuls de la présente ville de Montpellier, d'une part, et maistre Jehan Chonart, menuisier de Montpellier, d'aultre, et ce pour l'œuvre de fusterie qu'il doyt fere aux orgues que lesdits sieurs consuls font fere à l'église Nostre-Dame de Tables de la présente ville de Montpellier.

« Et premièrement, doyt fere ledit Chonart l'ouvrage de boys pour lesdits orgues tant de sapyn que de noguier, tout ainsi et cellon l'ouvraige pourtraict en ung molle ou patron, lequel a baillé le susdit maistre Jehan Torrian organiste par devers lesdits sieurs consuls.

« Item, doyt tailler le boys de noguier pour le saumier, et quant aux journées qu'il mettra a fere le secret et saumier sera payé pour ses journées aux dépens que dessus outre la somme cy-après déclarée.

« Item, doyt fere quatre souffletz de noguier de la grandeur que le maistre Torrian organiste plerra, et les consuls fourniront la clavaison desdits souffletz.

« Item, doyt fere d'aulteur ledit boys pour lesdit sorgues de quarante palms, et ou cas que soyt plus hault que desdits XL palms lesdits sieurs consuls lui en estaront, et ou cas que soyt plus bas que lesdits XL palms que ledit Chonart en estera envers mesdits sieurs consuls, lequel boys que il mectra, sera assayzoné bon et sayn sans point de maculle.

« Item est de pacte, que ledit Chonart adressera son bois avec les orgues dans l'église de Nostre-Dame de Tables et la ou messieurs les consuls voudront ou à la dicte dudit Torrian maistre organiste à ses despens cest assavoir dudit Chonart excepté les journées des secretz et clavaison, et pour le tout fere luy a esté promis et accordé entre lesdits sieurs consuls et ledit Chonart, que lesdits sieurs consuls luy bailleront et doivront povoir fere la somme de septante livres tournois lesquelles se payeront en troys payes cest assavoir de moys en moys, et a promis ledit Chonart de avoir achevé tout d'icy en troy moys prochains, et outre lui donnent lesdits sieur consuls le boys des corps des orgues vieilhes de ladite esglise de Nostre-Dame de Tables, en condition qu'il n'ayt à fournir a aultre part que aux orgues et boys qu'il s'agit à présent de nouveau pour ladite ecclesie.

« Lesquels pactes et prisfaictz dessus dits et tout le contenu en iceulx par lesdites parties bien entendus lesdits messieurs consuls, d'une part, lesdits maistres

6

Jehan Torrian et Jehan Chonart, chacun en son endroyt, d'aultre, ont promis observer, tenir et actendre de poinct en poinct cellon leur forme et teneur, etc., et juré sur les sainctz évangilles de Dieu, des quelles choses dessus dites lesdites parties en ont requis instrument en estre prins et reçu par moy notaire soubsigné.

« Fait dans la claverie de la maison du consulat de ladite ville de Montpellier, tesmoings a ce honorable et honeste homme Jehan Columbier bourgeois, Jehan Achard habitans de la présente ville de Montpellier, et moy F. Auriacy, notere.

§ 2

1535. DEVIS ET MARCHÉ D'UN ORGUE.

Merchandise faicte ce jour d'huy XX° de Jullet 1535, entre maistre Antoine Protelet, prestre, et Aymé Bugnon, organiste, demeurant à Chalon-[sur-Saone], assavoir que ledit maistre Aymé prometz faire et randre parfaict à ses frais missions et despens, dedens deux moys à prendre la datte de ce jour d'huy, un couffre d'orgues soubz une espinette, laquelle espinette ledit maistre Anthoine Protelet fornira, au demeurant ledit maistre Aymé fornira le tout tant menuserie que tuaulx, soufflez, et aultres chouses.

Et premièrement, pour la première forniture, il aura une unisson avec l'espinette, qu'il fera de plomb, qui tyrera à deux tirandes, et fera une fleutte estoffée.

Item, dessus ladite unisson il aura une douzièsme et une quinzièsme de plomb faictez en fleuttes, qu'il fera pour ung nasard quant l'on vouldra.

Item une octave d'estain.

Item une trantiesme faisant cymballes.

Item, une régales à unisson de l'espinette.

Item, un jeuz de cornetz de plombz.

Et fera sur la première unisson un jeu tremblant, duquel l'on pourra jouer quand l'on vouldra ; et il aura huyt tuaulx sur marche.

Item ung taborin dedans avec un jeu de resignol et ung secret pour envoyer le vent.

Item le couffre de ladite espinette sera de bois de noyer bien net, à penneaulx amboytés, chargé de moulures, de la longueur de cinq piedz et demy de lon et deux pieds de largeur dedans œuvre, ouvré de chascun cousté, et le tout de bon boys de noyer, et au dessus pourra servir de bureaul, assavoir pour escripre, sans que l'on cognoisse que c'est.

Et ce ouvrera en lieu, pour vehoir dedans.

Item, les deux soufllez seront couvert de double cuyr bien propetienés, et se tireront à corde.

Item, l'on pourra jouer de l'espinette seulle, quant l'on vouldra, aussi de tous les huytz jeux tout à part, quand l'on vouldra, ou les meslé ou mettre amssamble, ainsi que l'on vouldra.

Et ledit maistre Aymé prometz faire et parfaire ledit ouvraige dedans le temps susdit à ses fraiz, missions et despens, moyennant la somme de diz escuz que ledit maistre Anthoine luy prometz payer, assavoir dix frans content, et le reste en besoignant.

Et si le cas advenoit que la dite espinette assavoir le coffre [d'orgues] ne fust au plaisir dudit maistre Anthoine, le dit [maistre] Aymé est convenu rendre ce qu'il aura receuz dudit (Me Anthoine) et faire son profit de son ouvraige[1].

---

1. (Minutes du notaire Robert, de Chalon. Archives dép. de Saône-et-Loire. **E.** 1425, n° 143, publié par le *Bulletin Archéologique du Comité des Travaux Historiques et Scientifiques.* Année 1885. p. 102, 103.)

§ 3

Liste de quelques facteurs des XVI⁰ et XVII⁰ siècles, d'après M. Hamel (T. III), les archives de Maine-et-Loire et de la Sarthe :

Antegnali XV⁰ et XVI⁰ siècles, construisit les orgues de Milan, Côme, Bergame, de Brescia, de Cremone et de Mantoue.

Beck (David), 1590. Orgue de Saint-Martin de Halberstadt, du château de Groningue, en 1592.

Bert (Pierre), outre les orgues de la Ferté-Bernard (1536) et du Mans, ce facteur construisit en 1521 les petites orgues de Saint-Maurice à Angers; en 1544 il restaura les grandes orgues de la même église.

Blasi (Luc), XVI⁰ siècle, construisit à Rome vers 1600 un orgue de seize jeux dans la basilique de Constantin.

Le R. P. *Boniface*, carme, travaille aux orgues de Saint-Maurille à Angers en 1645.

Cerisier (Michel), travaille à l'orgue de Saint-Maurice d'Angers, en 1563.

Chaillou (René), relève l'orgue de Saint-Maurice d'Angers, 1539.

Compénius (Henri), 1540. Orgue de Magdebourg, de l'abbaye de Riddageshausen.

Compénius (Isaïe), 1560. Orgue du château de Hessen, en 1613 ; orgue de Buckebourg, en 1615; orgue de Saint-Maurice de Halle, en 1625.

Cuntz (Etienne), facteur à Nuremberg, mort en 1635.

Dallum (Robert), né à Lancaste en 1602, mort en 1665.

Gautier Le Marais, de Bayeux, construit en 1447, l'orgue de Saint-Laud à Angers.

Glovatz (Henri), XVI⁰ siècle, vivait à Rostock, vers 1590, construisit en 1593 un orgue de 39 jeux.

Henning (Maître), XV⁰ et XVI⁰ siècles, 1⁰ orgue du couvent de Saint-Blaise à Brunswick ; 2⁰ orgue de Goldast à Hildesheim.

Heussler (Jean), à Munich, en 1590, a exécuté de bons ouvrages.

Hirschfeld (Michel), XVI⁰ siècle, commença un orgue à Breslau, en 1550, anéanti en 1664 par la chûte de la voûte.

Innocent de Saint-Joseph (le R. P. carme), construit l'orgue des religieux de Montreuil-Bellay en 1664.

Jousselin (Pontus), construit les orgues de N.-D. de Cléry, de Saint-Sauveur de Blois et relève (1511) celles de Saint-Maurice d'Angers.

Lehmann (Antoine). XVI⁰ siècle, en 1549 construisit l'orgue paroissial de Dantzick.

Lehemann, a construit, en 1543, l'orgue Sainte-Marie à Zwickau.

Levasseur (Ambroise), construit un orgue à Saint-Laud (Angers) 1640 ; un orgue à Saint-Maurille (Angers), 1645.

Lobsinger, XVIe siècle, facteur d'orgues à Nuremberg, imagina en 1570 les soufflets à éclisses.

Lusson (Florentin), construit l'orgue d'Avesnières, en 1590.

Maas (Nicolas), XVIe siècle, a construit, en 1543, un orgue de 43 jeux, à Stralsund.

Maillard (Paul), construit, en 1624, l'orgue de Saint-Michel du Tertre (Angers).

Manderscheid, X v^e et XVIe siècles, établi à Nuremberg, construisit à 77 ans, le second orgue de Saint-Sébald dans cette ville.

Monsnerye Galiennais, construit, en 1636, les orgues de N.-D. de Vitré (Ille-et-Vilaine).

Nargenhost, XVIe siècle, vivait à Amsterdam en 1548. fit deux nouveaux claviers pour l'orgue de l'église de Hambourg.

Morlet, répara en 1662 l'orgue de Saint-Maurice d'Angers et en 1665 et 1681 celui de Saint-Laud (même ville).

Neukirch (Antoine), XVIe siècle, facteur d'orgues à Munich, a construit, en 1585, un instrument pour la chapelle de l'électeur de Bavière.

Opelt, facteur d'orgues à Ratisbonne, construisit en 1604, un orgue estimé dans l'église de Saint-Georges de Vérone.

Prévost ou *Provost (Jean) organista*, *organi-facteur*, construit l'orgue de Saint-Laud en 1528 et relève celui de Saint-Maurice (Angers) en 1533.

Pynot (....), construit les orgues de Saint-Pierre d'Angers, en 1606.

Le R. P. *Rangerie Gombault*, de l'ordre des Frères-Prêcheurs, construit en 1472 un orgue pour les chanoines de Saint-Pierre du Mans.

Schade (Jean), XVIe siècle, s'établit à Aix-la-Chapelle vers 1628 ; construisit orgues des Carmélites et des sœurs grises de Roremonde, et celui de la cathédrale d'Aix-la-Chapelle.

Scherer (Jean), célèbre facteur d'orgues au XVIe siècle, naquit dans le Brandebourg vers 1540 ; orgues de l'église de Bernau en 1576 ; de Notre-Dame à Stendal, en 1580.

Scheufler (Martin), facteur d'orgues en Silésie, XVIe siècle, a construit en 1600 l'orgue de la Madeleine à Breslau. Cet orgue a pu servir 122 ans sans réparations.

Schott (Conrad), né en 1562, aveugle en 1591, restaura l'orgue d'Ulm, et construisit celui de Stuttgard.

Sickermann. Trois facteurs d'orgues de ce nom : Adrien, Michel et Joachim, XVIe et XVIIe siècles. Le premier a construit, en 1600, l'orgue de Webeau. Les instruments du second (1574) furent considérés comme les meilleurs de cette époque. Joachim a construit, en 1597, l'orgue de Friedland.

Torrian (Jehan) de Venise, XVe siècle, construisit, en 1504, les orgues de Notre-Dame des Tables, à Montpellier.

Trasuntino, facteur à Venise, XVIe siècle, construisit, en 1606, un clavecin de quatre octaves.

www.ingramcontent.com/pod-product-compliance
Lightning Source LLC
La Vergne TN
LVHW022206080426
835511LV00008B/1610